Martina
una cucarachita
muy linda

ISBN 10:   0-15-385932-6
ISBN 13:   978-0-15-385932-8

8 9 10 11   0940   20 19 18 17
4500643088

A la memoria de Abuela Graciela y Abuela Ofelia.

Y para Papi y Mami;
Katie, Erin y Lauren;
Tersi, Ben y Jordan.

Con agradecimiento muy especial a los niños
de la Holy Innocents School y la Davis Academy.

C. A. D.

Para Dad y Elisa

M. A.

Martina una cucarachita muy linda

UN CUENTO CUBANO

VERSIÓN DE
CARMEN AGRA DEEDY

TRADUCCIÓN
CRISTINA DE LA TORRE

ILUSTRACIONES
MICHAEL AUSTIN

Martina Josefina Catalina Cucaracha
era una cucarachita muy linda
que vivía con su familia
en un farol
de La Habana Vieja.

Cuando Martina cumplió 21 días, la edad de dar su patita en matrimonio, la casa de los Cucaracha se alborotó.

Su tía le regaló una peineta de nácar.

Su mamá, una mantilla de encaje.

Pero su abuelita, que como todas las abuelas cubanas sabía mucho, le dio solamente un consejo.

Fue un consejo extraordinario.

—¿Que quieres que yo haga QUÉ? —preguntó Martina horrorizada.

—Tú eres muy bonita, Martina —dijo la abuela—. No tendrás ningún problema en encontrar esposo. Lo difícil será escoger el mejor.

—P-p-pero, Abuela —tartamudeó Martina—. ¿Qué gano con derramarle café en los zapatos?

La abuela sonrió.

—¡Se va a enojar! Y así sabrás cómo se comporta cuando pierde la paciencia. Hazme caso, mijita, la prueba del café no falla jamás.

Martina no estaba nada convencida.

Mientras tanto, su papá había mandado
al perico a correr la noticia por el barrio.
Muy pronto, La Habana entera —desde el Prado
hasta el Malecón— se había enterado de que
Martina estaba lista para recibir
pretendientes.

Como era la costumbre, Martina salió
al balcón bajo la mirada protectora de sus
muchos familiares.

Se sentó y, muy coqueta, cruzó todas
sus paticas.

No tuvo que esperar mucho tiempo.

El primero en llegar, muy inflado, fue don Gallo.

Martina trató de no mirar sus zapatos relucientes.

Por su parte don Gallo, atento a su imagen, la saludó
con una reverencia:

—Caramba, ¡para cucaracha eres preciosa! —y añadió—:
¡Yo voy a lucir más guapo todavía contigo en el ala!

Entonces se empinó y le cantó:

—Martina
    Josefina
       Catalina
         Cucaracha,
       bellísima muchacha,
       ¿quieres casarte conmigo?

Martina dudó sólo un instante.

—¿Un cafecito?

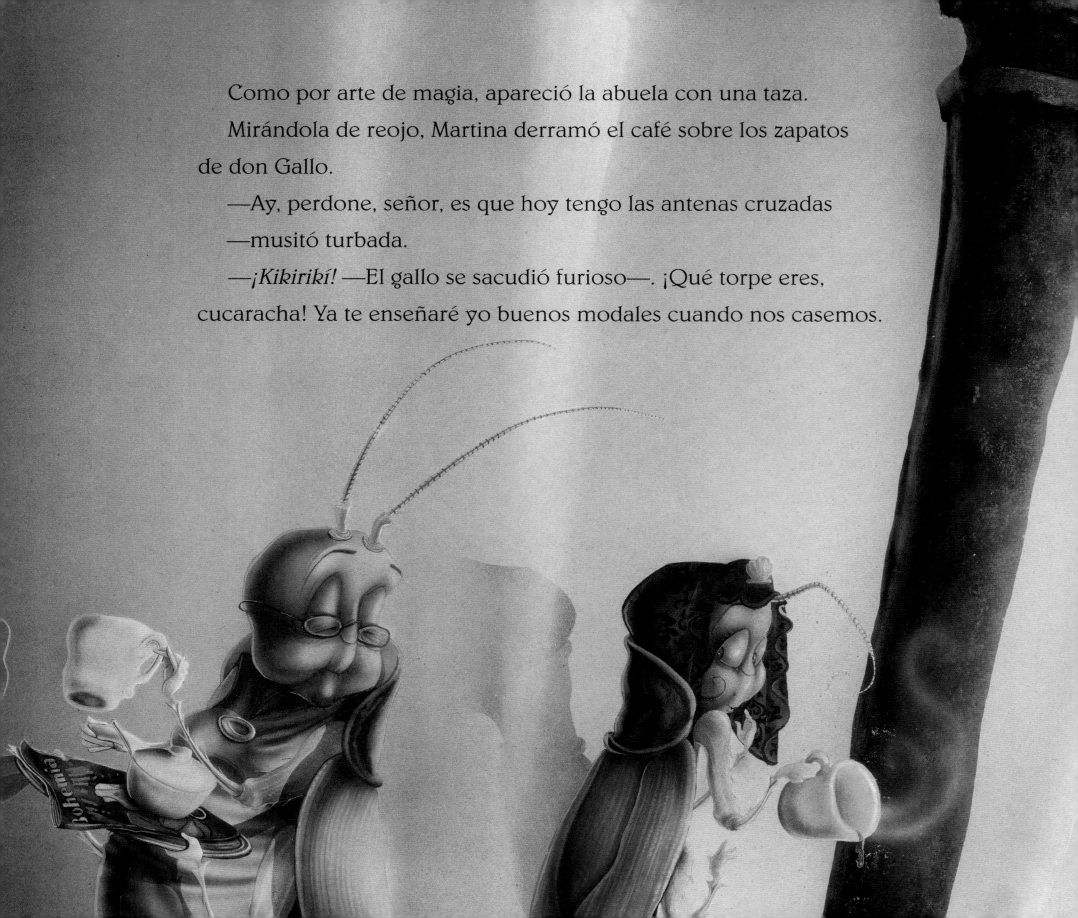

Como por arte de magia, apareció la abuela con una taza. Mirándola de reojo, Martina derramó el café sobre los zapatos de don Gallo.

—Ay, perdone, señor, es que hoy tengo las antenas cruzadas —musitó turbada.

—*¡Kikirikí!* —El gallo se sacudió furioso—. ¡Qué torpe eres, cucaracha! Ya te enseñaré yo buenos modales cuando nos casemos.

Martina se quedó de piedra.
¡La prueba del café era milagrosa!
—Qué oferta tan increíble, don
Gallo —respondió distante—, pero
no puedo aceptarla. Es usted
demasiado arrogante
para mi gusto.

En seguida se presentó don Cerdo. Su olor le puso los pelitos de punta a Martina.

—¡Uuuuy! Qué aroma… in-ol-vi-da-ble —resopló la cucarachita—. ¿Es, por casualidad, colonia de cerdo?

—¡Que va, cariño! Es esencia de mi propio chiquero. Extracto de huevos podridos, cáscaras de malanga y frijoles apestosos.

Don Cerdo se relamió orgulloso y se puso a cantar:

—Martina
　Josefina
　　Catalina
　　　Cucaracha,
　　bellísima muchacha,
　　¿quieres casarte conmigo?

Martina salió disparada a buscar el café.

Con este no perdió ni pizca de tiempo.

—¡*Gronc*! ¡*Gronc*! —gruñó el cerdo al ver sus mocasines salpicados de café—. ¡Qué desastre!

"¡Qué exagerado!", pensó Martina.

—Tranquilo, señor, yo se los limpio.

—¡Dale! Empieza ya, pues
cuando seas mi esposa estarás
limpiando todo el santo día.

Martina no lo podía creer.
Qué cara más dura tenía este fulano.

—Está claro que más que
una esposa, don Cerdo, lo que usted
necesita es una aspiradora.

La prueba del café la había salvado
de otro horrible pretendiente.

Apenas desapareció el cerdo, don Lagarto asomó
por la baranda. Se puso a dar vueltas alrededor de Martina
y rozó la punta de la mantilla con una de sus patas.

—¡Qué susto! —exclamó Martina retrocediendo—. No debe
usted andar por ahí tan calladito.

—Yo soy así, silencioso —dijo lanzándole una sonrisa
deslumbrante que a Martina le dio escalofríos.

—Ni un solo pretendiente fresco, atrevido y grosero más,
señor Lagarto. Me duelen las antenas. Adiós.

—No me hagas eso, Martina. ¡Espera, por favor!

El lagarto cayó de rodillas y suplicó:

—Martina
  Josefina
    Catalina
      Cucaracha,
    bellísima muchacha,
  ¿quieres casarte conmigo?

—Voy a ver si queda café —dijo Martina suspirando.

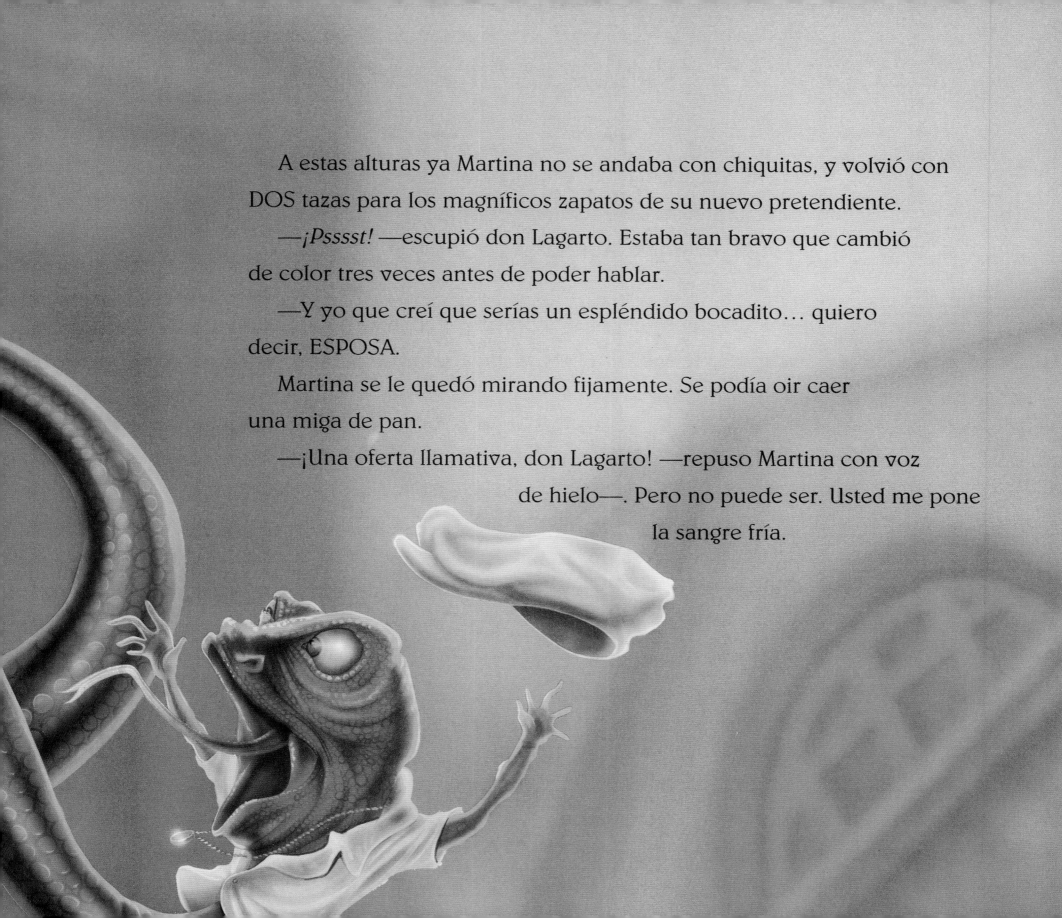

A estas alturas ya Martina no se andaba con chiquitas, y volvió con DOS tazas para los magníficos zapatos de su nuevo pretendiente.

—¡*Psssst!* —escupió don Lagarto. Estaba tan bravo que cambió de color tres veces antes de poder hablar.

—Y yo que creí que serías un espléndido bocadito… quiero decir, ESPOSA.

Martina se le quedó mirando fijamente. Se podía oir caer una miga de pan.

—¡Una oferta llamativa, don Lagarto! —repuso Martina con voz de hielo—. Pero no puede ser. Usted me pone la sangre fría.

Cuando la abuela salió al balcón a recoger las tazas de café Martina todavía estaba echando chispas.

—Voy a entrar ya, Abuela.

—¿Tan pronto?

—Sí, no quiero ni pensar cómo será el próximo pretendiente.

La abuela se acercó a la baranda y señaló al jardín.

—Mmmm. ¿Y ése?

Martina miró hacia abajo. Vio un diminuto ratoncito color canela y su corazón de cucaracha se desbocó.

Tiquitín, tiquitán.

—Es monísimo, Abuela. ¿De dónde salió?

—Ha estado ahí todo el rato.

—Y ahora, ¿qué hago? —susurró Martina.

—Baja y salúdalo, mijita.

Martina se quitó la peineta y la mantilla, y bajó corriendo al jardín.

Tiquitín, tiquitán.

El ratoncito Pérez la estaba esperando.

—Buenas tardes. Pérez, para servirla.

La voz del ratoncito era pura melcocha.

Tiquitín, tiquitán.

—Hola —contestó ella tímidamente—. Yo soy Martina…

—… la cucarachita linda —Pérez terminó la frase.

—¿De veras me encuentras bonita?

—Pues mira —dijo el ratoncito ruborizándose—, yo no veo muy bien, pero oigo de maravilla. Llevo días escuchándote mientras trabajo, y me pareces muy lista y muy cariñosa, Martina Josefina Catalina Cucaracha… O sea, te encuentro encantadora. Para mí lo de menos es que seas bella.

TIQUITÍN, TIQUITÁN.

—¡Mar-ti-na-a-a-a-a, que no se te olvide! Era la abuela.

"Ay no", pensó Martina, "a este no le brindo café ni por nada".

—¡Martina Josefina Catalina Cucaracha!

—Sí, Abuela.

Martina sabía de sobra que a las abuelas cubanas nunca se les desobedece.

Por eso, resignada, la cucarachita tomó la taza y se acercó al ratoncito.

Pero Pérez se le adelantó.
De un manotazo, derramó el café
sobre los zapaticos de seda de Martina.

—¡Lo hiciste a propósito!
—dijo Martina y los dos se rieron
asombrados. Al fin habían
encontrado a la pareja ideal.

—Perdona, mi amor —explicó
Pérez un poco avergonzado—...

… es que yo también tengo una abuelita cubana.

El papá Cucaracha había mandado al perico
a correr la noticia por el barrio. Muy pronto,
La Habana entera —desde el Morro hasta
el Malecón— se había enterado de que Martina
estaba lista para recibir pretendientes.

ISBN-13: 978-015385932-8
ISBN-10: 015385932-6